Vamos caçar papagaios

Cassiano Ricardo

Companhia Editora Nacional

1ª edição, Editorial Helios Limitada, São Paulo, 1926.

Presidente Jorge A. M. Yunes
Diretor superintendente Jorge Yunes
Diretora editorial Beatriz Yunes Guarita
Gerente editorial Antonio Nicolau Youssef
Coordenador editorial Fernando Santos
Editora Sandra Almeida
Assistente editorial Edson Yukio Nakashima
Coordenadora de preparação e revisão Marília Rodela Oliveira
Revisores Edgar Costa Silva
Fernando Mauro S. Pires
Irene Hikichi
Nelson José de Camargo
Editora de arte Sabrina Lotfi Hollo
Assistentes de arte Erica de Oliveira Mendonça Rodrigues
Priscila Zenari
Thatiana Kalaes
Tiago Oliveira
Produtora gráfica Lisete Rotenberg Levinbook

Organização e notas Dyrce Machado Augusto de Araujo

Dados Internacionais de Catalogação na Publicação (CIP)
(Câmara Brasileira do Livro, SP, Brasil)

Ricardo, Cassiano, 1895-1974.
Vamos caçar papagaios / Cassiano Ricardo – 1. ed. – São Paulo : Companhia Editora Nacional, 2005.

ISBN 85-04-00952-1

1. Poesia I. Modernismo. II. Título.

05-7670 CDD-808.1

Índices para catálogo sistemático:
1. Poesia: Arte poética 808.1

2005

Companhia Editora Nacional

Av. Alexandre Mackenzie, 619 – Jaguaré
São Paulo – SP – 05322-000 – Brasil
Tel.: (11) 6099-7799
www.ibep-nacional.com.br
editoras@ibep-nacional.com.br

Do celebrado filho da terra joseense, do poeta do *Martim Cererê*, da grande figura da poesia brasileira, de seu patrono, enfim – vem a Fundação Cultural publicar *Vamos caçar papagaios*, uma das suas obras mais representativas.

A publicação desta obra de Cassiano pela Fundação é uma homenagem, não só ao poeta, mas à gente de São José dos Campos.

"Que é poesia senão a infância que se encontra de novo, em qualquer fase da vida?", disse ele, referindo-se à importância de sua infância vivida em nossa cidade.

E completou: "Não há livro meu, de poesia, em que São José não esteja presente".

Ora, não há dúvida de que, da mesma forma que São José está presente em seus livros de poesia, seus livros – mas não só de poesia – devem estar presentes em São José.

Eis o propósito da publicação deste livro: contribuir para a presença forte e constante, em nossa cidade, da arte de seu poeta maior, Cassiano Ricardo.

Boa leitura!

Prefeitura Municipal de São José dos Campos
2005

A Fundação Cultural Cassiano Ricardo tem a honra de reeditar, como início do Projeto Viajam as Palavras, e em comemoração à Semana Cassiano Ricardo 2005, o livro *Vamos caçar papagaios*, primeiro da fase modernista do poeta e patrono desta instituição, que há 58 anos não tinha uma nova edição.

Neste livro, Cassiano mostra os primeiros traços de ligação com o Movimento Verde-Amarelo e Grupo da Anta, ao enfatizar elementos da flora e da fauna brasileira, bem como seu rico folclore. Aliás, foi um dos líderes que motivou a reforma da literatura, após a Semana de 1922, que mudaria todo o panorama das artes no Brasil.

Vamos caçar papagaios é, junto com *Borrões de Verde Amarelo*, uma preparação para o livro *Martim Cererê*, uma das maiores obras da poesia moderna brasileira, segundo Carlos Drummond de Andrade.

Este é um presente não só para os joseenses, mas para todos os brasileiros, que têm, a partir de agora, uma nova chance de conhecer e redescobrir Cassiano Ricardo, lembrando que a Fundação Cultural doará esta edição a todas as escolas e bibliotecas da cidade.

Este é o primeiro passo de um grande projeto da Fundação Cultural Cassiano Ricardo, que pretende reeditar toda a obra daquele que só foi poeta, porque nasceu em São José dos Campos, como ele próprio declarou.

Fundação Cultural Cassiano Ricardo

Um dos marujos saiu a fazer o reconhecimento da baía; e trouxe dois índios – homens cor da terra, coroados de penas verdes e vermelhas. Mostrou-lhes ouro e os selvagens não se espantaram, antes ficaram indiferentes; mostrou-lhes um papagaio e eles promoveram grande alarido, fazendo sinais de que, naquela região, havia muito e muito de tais pássaros.

SUMÁRIO

Cruz de Estrelas

O Canto do Homem e da Terra

GÊNESE

CÉU E MAR

O dia marinheiro
todo vestido de sol branco
andava navegando com os marujos
de solavanco em solavanco
a prometer-lhes mundos nunca vistos nem sonhados

em mares nunca dantes navegados
tudo por conta de outro dia
que mais adiante aparecia
e a mesma coisa prometia.

Luas marítimas, logo após,
nadavam no silêncio da amplidão
por onde a noite, caravela de carvão
levava a bordo uma porção de estrelas nuas.

Como era doída no outro dia
a dor da repetição!

O POEMA

E algum marujo
que quisesse escrever suas memórias
sobre o papel branco do dia
com a tinta azul do mar,
poderia escrevê-las
para pontuá-las em seguida
com os pingos de ouro das estrelas...

O PRIMEIRO MORRO

Até que um dia os navegantes
viram na curva do horizonte
alguma coisa muito azul que mostrava a cabeça
dentro da tarde anunciadora
e olhava fixamente as caravelas:

A serra parecia,
tão grande foi a surpresa,
o próprio céu que caiu sem estrondo em montões de
turquesa no panorama redondo.

A MANHÃ DE PENACHO VERMELHO

A terra era feita de sol;
cada índio trazia na fronte
enfeitada de pluma vermelha
uma larga coroa de sol.

À sombra de altivas palmeiras
caciques contavam seus feitos
tocando boré[1] no rumor da pocema[2],
tomando cauim[3] nas festanças da taba:
heróis de coroa e de tanga,
com flechas de sol na uiraçaba
andavam caçando onças brabas
e papagaios decorativos.

Um cheiro de moita orvalhada
fazia pensar em goiaba e pitanga.

[1] tupi *'mbo're*, espécie de flauta indígena.

[2] tupi *po'sema*, grito indígena.

[3] tupi *ka'wi*, vinho qualquer; denominação genérica das bebidas fermentadas preparadas pelos indígenas com a mandioca, o milho e com diferentes frutas.

O mato, borrado de flores,
promovia uma enorme algazarra de cores.
A própria terra era a ilusão festiva
de que um dia de fogo bravo amanhecia
no vermelhão dos pássaros selvagens
e dos tucanos matutinos.

Balbuciavam no chão ignorados destinos.
A lua crescente mostrava as duas pontas de prata
por trás de um morro taciturno.

*
* *

Mas, de repente
nunca se viu clarão mais belo;
foi quando de dentro do morro
a linda manhã de penacho
saltou no cocuruto da montanha
como uma onça mosqueada de fogo amarelo
que saltasse do chão sobre o vulto de um touro
selvagem com chifres de lua.

E o sangue do sol escorreu nos cocares vermelhos
dos índios...

O DIA DE ASAS MARÍTIMAS

Nisto chegou um tropel de homens brancos:
chegaram as naus portuguesas.
O grande dia marítimo pousou sobre a praia qual
pássaro branco
ruflando a asa enorme das velas retesas...

Desceu sobre a terra um marujo
que parecia um profeta de barba comprida;
e as bravas manhãs coloridas
que estavam ocultas no azul das quebradas
pularam de dentro das grotas
qual bando de onças pintadas!

PORTO SEGURO

Então os descobridores desceram
num porto onde sentiram bem seguro
o seu grande futuro.
Duas grandes coisas eram suas: o tal morro
a que deram o nome de paschoal; e aquele porto
a que deram o nome de seguro.
Por mui reconhecidos
a essas obras do Acaso.

Tudo isto eram sinais de alguma terra maravilha,
ou pelo menos de alguma ilha
onde uma natureza mansa lhes dizia
haver frutas gostosas.

E não haver piratas.
Onde uns pássaros verdes
gritavam tanto tanto tanto
que lhes causaram qualquer coisa parecida com
encanto ou com quebranto.

E onde a virgem manhã, que piscava na grota
como dona de casa a esperar por visita
acendeu seu lampião, enfeitou-se primeiro,
e pôs-se a sacudir no alto da serra
um verde espanador varrendo o pó das últimas
        estrelas no amplo salão azul do espaço: era um coqueiro.

E uma árvore nunca vista,
as grandes folhas como plumas tatalantes[4]
oferecia amavelmente
entre cantos de júbilo e obséquios sem conta,
                seu lindo cacho amarelo
                com o coração roxo-escuro na ponta...

[4] que produz som seco e abafado, como o de ossos entrechocando-se; ruído semelhante ao do ar vibrado por asas.

A PRIMEIRA MISSA

No quadro agreste da alvorada
o capelão da armada
começou a dizer uma coisa sem fim.

E vieram os papagaios
solenizados nos seus fraques verdes
ouvir aquela fala resmungada
que parecia um cântico de alvorada
dito em latim.

Terra papagalorum
Stella matutina...
O capelão falava assim.

A madrugada de trança amarela
paramentou-se atrás do morro
com o seu lençol feito de bruma
e veio a correr pelos campos
trazendo ainda no cabelo

uma porção de pirilampos;
o rio listado de espuma
com a barba branca da cachoeira
resmungou qualquer coisa profunda
num socavão[5] da cordilheira.

*
* *

Depois que acabou a missa
mulheres nuas e homens nus
saíram por ínvios[6] barrancos
levando o sinal da cruz.
(A tarde vestida de roxo
tocou a flauta de um sabiá
dentro da solidão)
E quanto ao mais, foi assim:
os papagaios palradores
voltaram todos ao sertão
dizendo coisas em latim...

---

[5] depressão úmida e sombria nas encostas; grota.
[6] em que não se pode transitar; intransitável.

PROFECIA

E quando a noite veio
o vulto negro de um jequitibá
arremedou o capelão da armada
erguendo a lua como uma hóstia iluminada
num altar de carvão...

E a terra que nascia,
à hora dos anhangás[7] e dos assombros
sentiu, pela primeira vez, como uma enorme profecia,
o Cruzeiro do Sul pesar-lhe sobre os ombros...

[7] espectro animal que traz desgraça para quem o vê.

O BATISMO

Por se tratar de uma ilha deram-lhe o nome
de ilha de Vera Cruz.

Ilha cheia de graça
Ilha cheia de pássaros
Ilha cheia de luz

Ilha onde havia mulheres nuas anhangás a
sonhar com histórias de luas e cantos bárbaros de
borés em poracés[8] batendo os pés.

Depois mudaram-lhe o nome
pra terra de Santa Cruz.

Terra cheia de graça
Terra cheia de pássaros
Terra cheia de luz.

A grande Terra girassol onde havia guerreiros de
plumas e peles de onça estendidas à sombra das
árvores mosqueadas de sol.

[8] tupi *pora'se*, dança indígena.

Mas como houvesse, em abundância,
certa madeira cor de sangue cor de brasa
e como o fogo da manhã selvagem
fosse um brasido no carvão noturno da paisagem,
e como a Terra fosse de árvores vermelhas
e houvesse poentes de fogueira em céus de anil,
        deram-lhe o nome de Brasil.

A NOITE AFRICANA

Depois veio a noite, a mãe preta africana
que trouxe o seu luto de glória
aos heróis de tacape e de flecha.
Que trouxe o seu globo de lua cheinho de leite
e que havia de dar de mamar
à verde criança selvagem
nascida num berço de plumas vermelhas
o seu leite de luar.

E viu uma cruz portuguesa nas velas
listadas em cruz;
e viu a cruz da primeira missa
fincada no chão de paisagem.

E então ficou toda a noite
fazendo o sinal da cruz
com os longos braços de estrela
borrifados de luz.

OS QUE VIERAM DEPOIS...

REIS MAGOS

E vieram três reis encantados:
um branco, um vermelho e um preto.

O rei vermelho trouxe uma penca
de pássaros verdes, peles de onça,
e uma porção de papos de tucano.

O rei branco que andou cavalgando
as ondas de anil com cabelos de luar
trouxe uma cruz de sangue em cada vela
e um pouco d'água azul do mar.

O rei preto rezou qualquer coisa
falando em mandinga e em candonga[9].
(gritava lá dentro das árvores
a primeira araponga).

[9] ação ardilosa, de má-fé; trapaça, enredo.

HOMEM DO FOGO, FILHO DO TROVÃO

Um tiro encheu de encanto a redondeza.
Um relâmpago lívido, saído do estouro,
feriu com a ponta de ouro a preguiça selvagem.

E o ribombo caiu no bombo[10] da voragem
E houve a ilusão sensacional, quase teatral,
de que um estranho caçador
sem flecha nem tacape,
viera do morro, onde escorria o alvo fogo do dia
(Piava no alto da serra o primeiro inhambu[11])
e, saindo da boca de um trovão,
arremessara ao céu um punhado de sol
que trazia na mão!

E os índios vieram quando
como um novelo verde, do ar caído,
lhe foi rolar aos pés um pássaro ferido!

Caramuru! Caramuru!

---

[10] tambor cilíndrico de fuste de madeira e membrana nas duas extremidades, executado pendurado no ombro esquerdo; zabumba.

[11] tupi *ina'mbu*, ave da família dos tinamídeos (macucos, inhambus, perdizes e codornas).

ANCHIETA, O PRIMEIRO POETA

Então veio um poeta vestido de luto,
de cruz e rosário à cintura
que andava escrevendo os seus versos
na areia do mar.

Então os tamoios se armaram;
e foi preciso que o poeta
com a lira enramada de musgo
lhes fosse falar.

Que um canto afinado de pássaro
enleva as orelhas do diabo
que nascem na casa dos troncos,
e os troncos parecem anciãos de couraça e de orelhas
vermelhas que estão a escutar o que os
pássaros verdes lhe vão segredar.

E o poeta de hábito negro
que usava sandália e sotaina[12]
com a sua voz de veludo sonoro
fazia do cardo[13] agressivo um punhado de paina...
E só por ouvi-lo e entendê-lo
a onça se enterneceu como um gato
e escondeu num relâmpago a garra selvagem
no flavo[14] veludo do pêlo.

O mar que os marujos de raça amedronta e os dragões
da tormenta engrinalda,
desenrolou a panóplia[15] de anil e esmeralda
com três riscos brancos na ponta.

E o vento que é o poeta do mato
rimou o seu canto com a rima dos ecos
no azul das quebradas longas.
Os ecos que andavam andavam
casados com as arapongas
Rimas curtas... rimas longas...

E o país ficou cheio de poetas.

---

[12] espécie de hábito que os eclesiásticos vestiam por baixo da capa.
[13] designação comum a várias plantas com espinhos nas folhas espinescentes.
[14] amarelado ou dourado, como o trigo maduro.
[15] na Grécia antiga, armadura completa de hoplita; na Idade Média, armadura completa de cavaleiro europeu (com ou sem as armas do resto do seu equipamento).

OS PRIMEIROS CORSÁRIOS

Andavam gaviões de penacho a espantar de
surpresa as montanhas desertas.

Andavam ladrões nas enseadas abertas
como marujos de corso[16] em salões de turquesa.

E havia piratas que vinham de longe aos quinhentos
aos mil
para furtar papagaios
e abarrotar seus coqueiros noturnos
de prata ou de pau-brasil...

[16] o mesmo que corsários, piratas que atacam embarcações inimigas a serviço de um Estado.

O LADRÃO DE PAPAGAIOS

Quando ele entrava no mato
todas as aves tagarelas
faziam tamanho alarido
que alguma coisa muito grande e muito grave
era de se pensar houvesse acontecido.

O mato de braços felpudos guardava alvoradas
vermelhas

O intruso andava na brenha[17]
comendo goiabas gostosas
e assando nambus[18] no espeto.
Passeavam nos troncos em flor taturanas riscadas
de preto.

Um morro de cabelo verde pixaim
ficava a pensar, a pensar numa coisa sem fim.
Conferenciavam os tucanos
saltavam os gafanhotos
de dentro das touceiras de capim.

[17] mata brava, cerrada; matagal, selva.
[18] o mesmo que inhambu.

O caapora[19] acendia o cachimbo
com o fogo de um pirilampo;
uma iara[20] que estava penteando os cabelos verdes
saía a correr pelo campo.

Um eco batia-batia na folha de flandres azul da manhã,
a gritar como um louco;
outro eco saiu a correr pelos vales afora,
até que entrou num rio e durou muito pouco.
Um outro se enfiou num buraco da terra e
cobriu a cabeça canora...
Um chan-chan parecia uma loucura de asa
a dar murros de voz repetidos na face do sol.

E toda a algazarra era toda
só porque um homem-demônio apontava a espingarda
e saía de dentro um enorme estampido
e bumba! um papagaio
caia pererecando
e os outros fugiam em bando
gritando. GRITANDO...

E o último eco, que estava escondido
nas touças de barba-de-bode
saía correndo: não pode! não pode!

---

19 entidade fantástica da mitologia tupi, ora representado na figura de uma mulher, ora na figura de um caboclo, cujos pés possuem calcanhares na parte dianteira e dedos na traseira, que protege a fauna e a flora.

20 tupi ,'*yara*, senhora; segundo a mitologia indígena, sereia dos rios e dos lagos; mãe-d'água.

CANTO MARCIAL

Então o guerreiro de pluma vermelha
encheu seu carcás[21] com cem flechas de sol.
Rataplã.

Então o herói negro saiu da senzala
levando seus chuços[22] com pontas de adaga
para enfrentar os batavos[23] do prol. Rataplã.

E o luso das glórias marinhas
formando a legião das três raças em cruz
encheu de chumbo e relâmpagos
o cano do seu arcabuz[24].
Catapruz!

[21] estojo de flechas.
[22] vara armada de ferro pontiagudo.
[23] natural da antiga Batávia, atual Holanda.
[24] antiga arma de fogo, portátil, de cano curto e largo, que em sua origem era disparada quando apoiada numa forquilha.

A CONQUISTA DAS ESMERALDAS

O RASTRO DAS PEDRAS VERDES

Quando o Brasil era menino
foi que entrou pelo mato cheio de onças
levando muita pólvora e muito chumbo
pra caçar esmeraldas.
E que andou a brincar com o seu próprio destino.
(Cada alvorada era uma estampa cor-de-rosa)
E então ele caçou uma porção de papagaios
e enamorou-se de uma indígena formosa.

Macacos faziam ginástica
e andava uma cobra de asas
a caninana[25] de papo amarelo
pulando de um ramo a outro ramo
como uma fita elástica.

---

25 tupi *ka'a*, mato, vegetação e uma forma de verbo tupi *'ñane*, que corre, que se espraia; designa, p. extensão, espécie de cobra não-venenosa.

A madrugada tinha um cheiro de pitanga,
o curupira[26], a rir com os dentes verdes,
era um tapuio[27] anão enfeitado de tanga
que se casara certo dia com a caiçara
e andava atropelando os caminheiros
com o relho[28] em flor de japecanga[29].

Gritava na capoeira um gavião de penacho!
Ao longe, suspensa de um tronco peludo,
a cobra coral de um cipó carregado de cores
dava flores em cachos.

*
* *

Quando Brasil era menino...
foi que andou a brincar com seu próprio destino.

---

[26]*kuru'pira*, diabo, entre os indígenas; ente fantástico que vive nas matas, tem os pés voltados para trás.

[27] mestiço com cabelos lisos e negros de índio.

[28] chicote.

[29] erva (*Herreria salsaparrilha*) com raízes espessas, caules cilíndricos, lenhosos, com pequenos espinhos, folhas lanceoladas, em rosetas espaçadas, pequenas flores esverdeadas, em racemos, e cápsulas com sementes aladas, nativa do Brasil.

AS MINAS DE PRATA

A voz do sertão enrediço[30] de coisas estranhas
dizia das grutas com veios de prata
guardadas por negras montanhas.

Os troncos mais velhos, de rugas na casca e cipós
pelo corpo a subir em rebentos azuis e amarelos;
armavam ridentes[31] castelos...

O vento que andava acordando nas grotas serranas
o verde alarido dos ecos;
o ruído das vozes humanas
o chão revolvido em batalhas,
os índios em bando coroados de penas,
as onças mosqueadas[32] de sol borrifado no pêlo
de malhas,
os rios soturnos por onde a mãe d'água escondia
tesouros noturnos,
o grito do mato habitado por bichos de todas as
castas, com borboletas de todas as cores, com

[30] que enreda, emaranha facilmente.
[31] que se mostra fértil, vivo, em que há vida, vigor; vicejante, viçoso.
[32] provido de pintas ou manchas de cor escura.

urros de feras famintas nas tocas, com as cobras
de fogo a correr nos desvãos da paisagem –
tudo isso tornava mais belo o tropel das bandeiras
na grande conquista da terra selvagem,
por onde roncava
um exército branco
de quase trezentas cachoeiras.

Os rios entravam o mato levando pirogas[33] festivas.
As sucuris enroscavam a cauda nos troncos pendentes
para assaltar os intrusos da selva.
Os jacarés das lagoas
por entre a moldura de relva
mostravam a serra dos dentes.

*
* *

E todas as noites
a procurar qualquer coisa no escuro da mata os
azuis vaga-lumes riscavam na caixa de fósforos
da noite seus lumes de prata.

---

[33] embarcação indígena a remo, cavada a fogo em tronco de árvore.

OS OLHOS DE OURO DO MISTÉRIO

Audaz sertanista
reunira a bandeira
na falda[34] da serra.

Fazia três anos
que a terra mentia
a contar historiões
pela boca das grutas.

Até que um dia por encanto
saltou do mato e apareceu
uma onça de pêlo amarelo
toda mosqueada de carvão
e abriu os olhos de ouro do mistério
na cerração.

[34] base (de colina, serra etc.).

PANTOMIMA

O dia azul soltou um grito de araponga
O macachera, de cabelos encarnados,
botou pra fora da restinga o cabeção de songa-monga
pegou tatamanhã no aroma da caatinga
e madrugou no pé por moitas de aguapé.
E ao vê-lo disparar tão vivo e tão veloz
um tronco mascarado de amarelo
com um ar de bom humor cofiou a barba de cipós
e gargalhou em flor como um polichinelo[35].

[35] personagem da *commedia dell'arte* napolitana, que representa um homem do povo, preguiçoso e cheio de astúcia.

PLENO SERTÃO

Em torno, a fogueira vermelha, estralando os
gravetos, que o vento lambia,
tostando os carás nas fogueiras de pau e os
nambus nos espetos.
Ao longe, a bocaina da serra Dourada.

Descera o crepúsculo roxo,
pintado com a tinta vivaz dos ipês;
a hora insexual dos caaporas,
povoada de pardos curiangos[36],
de gris andirás[37] e sacis-pererês.

A cascavel estridulava[38] o guizo a todo instante
e havia um tratralar de mandíbula fria:
era a ambição com os dentes verdes
a roer os ossos descarnados
de uma esperança que morria...

---

[36] o mesmo que bacurau.
[37] morcegos.
[38] emitir ruído estridente, agudo.

SINAL DE OURO

O herói das caçadas ao índio avistara,
na terra batida dos íncolas[39]
o rasto dourado de enorme riqueza escondida
no fundo dos riachos.

(A flor de S. João derramava ouro líquido em cachos)

(Num galho do velho ingazeiro
o senhor João de Barro
construiu sua casa de barro amarelo).

[39] aquele que habita um determinado lugar; habitante, morador.

O HOMEM QUE FOI DIABO

I

Então o andarilho de botas
que andava no sertão com barracas de lona
(cidades tão redondas e tão claras
como dias de cal pelas lombas das grotas)
fora cercado pelos índios
com cocares azuis de arara
ou capacetes verdes de papagaios,
e tangas com peles de onça.

Em vão lhes pediu que contassem
de onde provinham os sinais de ouro escondido
na argila amorosa e clara.

Caía a noite como se um tição
esparramasse uma porção de brasas vivas
no côncavo do silêncio taciturno
como as fagulhas que as locomotivas
jogam num túnel...

O mistério passeava os olhos na tocaia
maracajá[40] rajado pronto para dar pulos
em quem passasse distraído junto às moitas
de samambaia.

Os índios cada vez mais numerosos
em atitude ameaçadora, em bárbaro alarido,
se agrupavam em torno; um deles, quase nu,
esticou o seu arco e fincou uma flecha
no peito de um jacu.

*
* *

Nunca o paulista
sentiu a solidão tão cheia de esmeraldas!

[40] tupi *maraka'ya*, mamífero carnívoro da família dos felídeos, espécie de gato-do-mato.

II

"Ó filhos do mato, ó selvagens
coroados de penas verdes!
eu sou o filho do fogo
que tenho castelos de lua
possuo cidades de sol:
a forja das madrugadas
é a palma da minha mão;
sou eu quem governa o trovão...
Sou eu, pelas grutas de breu,
quem abre a porta do dia;
quem passa de noite ao longe
montando o cavalo de vento
chicoteado de relâmpagos
sou eu."

"Não me quereis indicar
o ouro que o chão revelou.
Pois bem; para mostrar-vos quem sou
eu vou lançar sobre vós
todo esse fogo que há no céu:
sereis neste instante queimados
na chama do meu fogaréu..."

Foi quando o guerreiro vestido de couro
arremessou um clarão mais violento que o dia,
que pareceu um relâmpago de ouro
sobre a fogueira encarnada que o vento lambia.

Um grito de encanto ou de espanto abalou o sertão

(o fogo estralava na brasa das achas acesas;
o fogaréu das estrelas
pôs brasas azuis pelo céu de carvão).
E todos os índios, tomados de assombro
caíram, com a face e com os joelhos no chão
a gritar por quem era...
        Anhanguera!
        Anhanguera!

CRUZ DE ESTRELAS

CRUZ DE ESTRELAS

Desde o primeiro sofrimento
viu o Brasil que carregava sobre os ombros
a cruz do descobrimento.

Os mata-paus[41], carrascos verdes,
amarraram-lhe as mãos na rede dos tentáculos.

E acompanhou-o pela via dolorosa
a procissão sem fim das montanhas silentes
levando estrelas como velas amarelas
em longos castiçais de palmeiras noturnas...

Não sei por que, naquele dia,
os papagaios gritavam tanto.

[41] designação comum a diversas plantas do gênero *Ficus*, da família das moráceas, e do gênero *Clusia*, da família das gutíferas, que matam as árvores sobre as quais se desenvolvem.

A CANÇÃO DO MONJOLO

O arco-íris já se pôs debruçado no morro
como um fantasma, sete cores na cabeça,
contando histórias pela boca do trovão...
O monjolo, a bater na encosta do grotão,
soca o pilão.

Passa correndo por um vão de serra braba
a sucuri de rabo azul que é o ribeirão.
Os ecos em redor ficam de boca aberta
e fazem o sinal da cruz por todo o boqueirão.
Tenho a doida ilusão de que todos os ecos
e o próprio arco-íris que casou com a solidão
estão pasmados de chapéu na mão.

O monjolo, a bater na encosta do grotão,
soca-pilão, soca-pilão.

Meu pangaré trotão de olhos azuis como turquesas
põe-se a cismar na tarde roxa e quer parar
antes do tempo,
quando lhe dou a rédea a subir o grotão:
é a eterna música do pilão
que está batendo como um coração...

A minha namorada, uma trigueira
de treze anos em flor, lábios cor de pinhão,
vai buscar a canjica loura que ele soca
e pára a ouvi-lo junto às águas da barroca,
como a um relógio de repetição.
E fica-lhe no ouvido a música que ele toca,
socapilão, socapilão!

A enxada brilha nas tigüeras[42] do espigão.
O lavrador que anda a estalar duas espigas
vai arrancar cruas mandiocas cor de terra
ao roxo terra que anda roxo pelo chão.
Os cafeeiros qual soldados muito verdes
marcham de dois, de dois em dois contra o sertão.
A enxada brilha nas tigüeras do espigão...
Sooooooooóóóca-pilão!

[42] milharal já colhido e extinto.

O SALTO DA ONÇA

O bororo[43] só se pode casar
depois de haver morto um jaguar.

A índia amorosa de lisos cabelos
mais negros que os frutos de guamixama
ficou a esperar (era a crença da tribo)
que o seu bororo viesse um dia do mato
depois de haver morto um jaguar.

Cantavam jaós[44] no pau d'alho
sanhaços azuis beliscavam
pulando de rama em rama
os frutos da guamixama.

À noite uma lua remota saía da grota
e um regato canoro[45] corria atrás dela
era a língua de prata de um rei tagarela.

*
* *

[43] indígena pertencente ao grupo dos bororos.
[44] ave da família dos tinamídeos (*Crypturellus undulatus*), comum na Amazônia e no Brasil central.
[45] que produz som agradável; que canta bem; harmonioso, melodioso, sonoro.

O bororo guarda ainda o terror selvagem
de quando saltou da folhagem
a onça mosqueada rápida como um relâmpago
com aqueles dois olhos de fogo na cara de gato
crescido no mato.

E ele agarrou-se com ela
como quem caça um corisco
pela cabeça amarela.

OS CATIVOS

Havia uma cruz de estrelas
com os braços de luz sempre abertos
como que a prometer sobre todas as coisas
a redenção dos cativos.

Os ventos corriam livres,
a terra era imensa e bárbara,
mas generosa e fecunda.

Antes abrir a facão o intrincado das brenhas,
onde o gavião de penacho espantava a legião
colorida de pássaros;

Antes morar nas capoeiras
ouvindo o tropel das cachoeiras
que pareciam cavalos brancos
com crinas de espuma
batendo com as patas de bronze
no azul dos barrancos.

A noite vertia na serra
o sangue pagão das auroras,
como um brasido vermelho;
e cada negro moribundo
ferido com a ponta do relho
era uma noite humana que gritava
toda estrelada de vermelho...

FEITIÇARIA

Um morro-assombração cobre a cabeça com o lençol
de cerração.

Os grilos batem pancadinhas de garrafa pelas
touças de guanxuma[46]...

Uma suinara[47] do oco de algum toco,
de carão branco e voz de gente atira uma chalaça[48]
pchiu! pchiu! está mexendo com quem passa.

Os vaga-lumes pisca-piscas a piscar na várzea espessa
são os olhos azuis da mula-sem-cabeça.

[46] arbusto (*Hibiscus brasiliensis*), nativo da América tropical.
[47] coruja da família dos titonídeos (*Tyto alba*), encontrada em cavernas, telhados de celeiros, prédios e torres de igrejas, em toda a América do Sul.
[48] dito ou feito espirituoso, zombeteiro; escárnio, gracejo, motejo.

A esta hora é que o pai-João
que tem no rosto aquela noite de carvão
com duas estrelas
vai conversar com o diabo verde sob as
moitas de caatinga...

*
* *

E que acontece no outro dia?
A noite amanhece com os olhos encarnados
de tanto beber pinga...

MÃE-PRETA

Havia uma voz de choro
dentro da noite brasileira:
"druma yoyosinho
que a cuca já i vem;
papai foi na roça
mamãe logo vem..."

E a noite punha em cada sonho de criança
uma porção de lanterninhas de ouro.
E o dia era um bazar onde havia brinquedos
bolas de joá, penas de arara ou papagaios;
dia-palhaço oferecendo os seus tucanos de veludo
árvores-carnaval que jogavam entrudo[49].

Cada criança ainda em botão
chupava ao peito de carvão de uma ama escrava
a alva espuma de um luar gostoso tão gostoso
que o pequerrucho resmungava
pisca-piscando os dois olhinhos de topázio
cheios de gozo.

*
* *

[49] os três dias que precedem a entrada da Quaresma.

Parou o bate-pé dos pretos no terreiro.
Lá fora anda a invernia assobiando assobiando,
O céu negro quebrou a lua atrás do morro.
Quem é que está gritando por socorro?

Quem é que está fazendo este rumor?
As folhas do canavial
cortam como navalhas:
por isso ao passar por elas
o vento grita de dor...

(O céu negro quebrou a lua atrás do morro).

"Druma yoyosinho
que a cuca já i vem;
papai foi na roça
mamãe logo vem..."

A REPÚBLICA NEGRA

Na verde moldura do mato riscou-se a carvão a república negra.

Cidade que vista de longe era uma ampla metrópole verde
com amplos torrões de esmeralda maciça na
fronde[50] enrediça das árvores verdes,
em pleno sertão.

Cidade cercada de ripas a pique, por entre barrancos,
fechada à cobiça dos brancos feitores que
longe ficaram de relho na mão;

Cidade de apenas três portas,
cortada de rios, com pontes flutuantes e barcos
de pesca,
por entre quilombos, com os vastos mocambos
cobertos de palha, nos dias de festa,
com dias mais brancos que os muros de cal,
com habitantes mais pretos que a noite
num céu tropical.

[50] conjunto de folhas (e ramos) de uma árvore.

E a terra da várzea e das grotas floriu ao contato
da enxada fecunda em dezenas de roças,
e uma remota saudade africana,
com toda a ilusão das mandingas,
ao vago resmungo do jongos[51]
cantava lá dentro das choças
Zumbia na noite racial o zum-zum do urucungo[52].

Cidade rodeada de campos,
por onde a crendice criara fantasmas benignos,
arco-íris bebendo lagoas,
sacis-pererês a caçar pirilampos,
mães d'água penteando os cabelos com pentes de angico[53],
e mulas de sete cabeças a pôr labaredas pros olhos,
levando nos sacos de estopa os grãos de ouro do milho
furtado aos monjolos.

---

[51] dança de roda de origem africana do tipo batuque ou samba, com acompanhamento de tambores.
[52] o mesmo que berimbau.
[53] árvore (*Piptadenia paniculata*), nativa do Brasil.

PALMARES

Passaram-se os anos e veio um tropel de
homens brancos
para sitiar a cidade verde.

Então clarinou a manhã
no grito escarlate do seu rataplã.
Heróis de porrete e de chuço escoraram trezentos
ataques,
e a estranha cidade dos pretos cercada de estuques,
mais vitoriosa que nunca rufou seus batuques,
batendo atabaques.

Num choro noturno e africano
ouviu-se o retumbo de um bumbo
a bater quitibum.

A luta foi bárbara e heróica;
(adeus ó cidade dos livres! Adeus, ó cidade dos
pretos, que um dia sonharam ser livres!)
o sangue pintou de vermelho o chão livre e fecundo
num louco entrevero de espadas e lanças
capaz de abalar as estrelas e o mundo.
Rataplã-quitibum.

Punhados de fogo jogados com a mão,
pedaços de lâmina ou vidro na ponta dos chuços,
estilhas de pedra em chuveiro cortante,
listaram o céu de sangüíneo clarão
E rolando de dor cada vulto de negro com a lança na mão

era a própria justiça
pintada a carvão!
Rataplã-quitibum.

Mas, no arranco final do tumulto,
deixando na porta de acesso os cadáveres negros,
a chusma de brancos invade os quilombos
rompendo a arcabuz e a mosqueta o portão da
cidade em escombros.

(Nisto passou gritando no ar, em bandos verde-gaios[54],
uma porção de papagaios...)

[54] verde-claro.

A MORTE DO ZUMBI

Havia no centro uma imensa montanha
rodeada de estacas;

do píncaro azul os guerreiros da noite podiam
sondar o horizonte,
por sobre uma légua de altivas palmeiras nascidas
na falda do monte, por onde trilavam maitacas.

Aí como um deus de asa negra e zumbi manejava os
relâmpagos.

E o chefe dos negros falou:
"lutamos há quase cem anos
Morreu a lavoura nas mãos do inimigo;
maior do que a guerra nos montes por entre as
trincheiras de pedra é o fantasma da fome que
ronda os mocambos;

chegou o momento
do grande castigo!

(A noite que chorava, comovida,
pegou o lenço de carvão
para enxugar as grossas lágrimas de estrelas
nos olhos de luz).

Mas há neste céu uma cruz e por ela juramos;
ao dó que desdoura e que infama queremos a morte
que salva.
A noite é que pôs essa cruz sobre as nossas cabeças
por sermos os filhos da noite;
e a morte é uma noite sem cruz..."

*
* *

Faiscavam-lhe os olhos no escuro do rosto.

Moldava-lhe a voz qualquer coisa de nobre e profético.

Radiava-lhe a fronte uma auréola de estranho
terror transitório e patético.

Os negros trombudos, tocados de estranha magia,
beberam-lhe a voz coruscante.

E todos unânimes, maiores que nunca,
num ímpeto apenas souberam sentir a grandeza
do instante;

Foi quando o zumbi se arrojou pela escarpa,
sangrando na ponta das pedras, no fundo
da grota azulada...

Caiu um crepúsculo frio como uma intérmina flor
muito azul, que fechasse a corola selvagem.
E a noite de todos os séculos queimou cinco velas
na dor da paisagem.

O CANTO DO HOMEM E DA TERRA

A ENCRUZILHADA

Por este caminho tão cheio de cruzes
de encruzilhadas e porteiras
passou o tropel das bandeiras
que abriam entrada a facão
homens de bota sete-léguas
que espantavam mães de ouro no mato,
e punham medo de assombração
nas estrelas azuis que eram olhos de gato
a tremer de emoção.

*

* *

E depois?
Por este mesmo caminho,
passou o meu carro de bois.
Era puxado por três juntas de bois pampas,
o rude pescoço amarelo ajoiado nos fueiros[55],
a fita de couro a prender-lhes a ponta dos chifres.
E ia desenrolando o sinal das duas rodas,
como duas fitas muito longas paralelas
que saíssem das rodas tagarelas
e que ficassem esmagadas sobre o chão.

---

[55] estaca de madeira disposta ao redor da mesa do carro de bois, destinada a segurar a carga e a esteira.

A lua por detrás do morro parecia
uma roda de prata
que escapou da carruagem do sol
e ficou a rodar a rodar na amplidão.

Ó minhas noites brasileiras, com que mágoa
eu me ponho a lembrar o meu carro de bois,
carreando lenha pela grota e acordando as capoeiras,
como um grito de dor dentro da solidão!

*
* *

Agora os autos que passam
enchem de maravilha ou de escândalo as capoeiras
em flor,
e o coração mecânico do motor
espanta os crapinhés da solidão.
A abre na estrada as luas brancas do holofote
como os dois olhos de um vagalumão.

Os sacis-pererês correram como diabos
de olho vermelho a saltitar de um lado só.
(Ouve-se o canto arrependido de um jaó...)
O caapora pulou, com a falripa[56] de fogo,
a folhagem de limbo, e deixou pelos campos,
Em pirilampos de ouro, as brasas do cachimbo.

[56] cabelos curtos e ralos.

O CANTO DA ARAPONGA

O dia bate, na forja escarlate,
o tan-tan da araponga.

Parece um ferreiro que está fundindo
com metal amarelo
uma porção de relâmpagos
a golpes doidos de martelo.
O silêncio em redor permanece tinindo de dor...
Um tronco deixou o cabelo crescer todo em flor
de tão surdo que está.
Há bolotas de sol amarelando
nas moitas de joá.
Depois o dia sertanejo
borra de fogo e de laranja a tarde crua.

A araponga do mato continua
batendo a bigorna de ouro
possuída de um sonho insensato:
pensa que ela é quem funde o alvo disco da lua.

Até que se apaga o brasido do poente
e o dia se esconde por trás da montanha
a encher com a noite um saco de carvão.
As primeiras estrelas
lembram faíscas que saltaram da bigorna
dentro da escuridão.

IMPROVISO

... Até que um dia,
quando menos se espera,
surge uma casa dentro do sertão
surge outra casa dentro do sertão
surge outra casa uma porção de telhas novas cor
de brasa uma porção de casas.

E uma cidade como caixa de surpresa
listou de branco e de vermelho o silêncio da grota.
Um trem de ferro passa cheio de imigrantes...
(Há em seu apito como um grito de alvorada e de
tristeza:
há em toda terra um choro típico de criança,
gosto de lágrimas misturadas com esperança)

DIA DE FESTA

(Ao Abner Mourão)

Dia de festa nacional.
Alguém içou uma bandeira brasileira
no alto de um caule de palmeira
dentro do matagal.

*
* *

Chegou o sr. presidente
para a inauguração da estrada de rodagem.

É o casamento da cidade com o sertão.
A cidade é uma noiva branca endomingada
que se vestiu de cal e pôs, sobre a cabeça,
uma grinalda inaugural de telhas novas.

É um vulto amanhecido e imóvel de alvorada
que está de joelhos no altar verde da montanha.
(Longe, no fundo da capoeira
estão tocando flauta as caçarobas).

Há um cidadão na praça pública dando vivas.
Uma banda de música acompanha
a multidão ridente dos convivas
que seguram nas mãos bandeirolas festivas.
Nunca se viu na terra alegria tamanha!

O sertão como um noivo engravatado
com o laçarote roxo-azul das parasitas,
nunca pensou em assistir a coisas tão bonitas,
por ocasião de seu noivado.
Mas trouxe o seu presente: um ipê amarelo,
pintalgado de sol, cheio de ouro por cima,
como uma enorme flor de pantomima...

Sobe no ar um rojão com bombas de festim,
que os ecos ainda virgens arremedam
promovendo um barulho enorme no grotão.
E a noiva rompe o seu marcial taratachim:
      Taratachim!

*
* *

Nisto por dentro da folhagem
um tronco que assistiu a tudo junto à estrada
e um bandeirante de outras épocas semelha
dá uma enorme risada
de flor vermelha.

O caboclo que abriu o mato a golpes de facão
está chorando de emoção...

A FILHA DO IMIGRANTE

(Ao Genolino Amado)

Eu fui buscar maracujá e vi no mato a loura
filha do imigrante.

(Os gafanhotos de esmeralda com pijamas amarelos
ou vermelhos surpreendidos por meu passo
davam saltos sobre a grama em trampolins feitos de
folha. E como bichos agarravam-se ao meu corpo
uma porção de carrapichos).

Eu fui buscar maracujás e vi no mato a loura
filha do imigrante.

Sua figura me ficou quente de sol naquele dia
todo branco, na moldura do barranco, dentre as
árvores festivas com os cabelos de fogueira e
com pestanas tão torradas com longas sempre-vivas...

Eu fui buscar maracujás e vi no mato a loura
filha do imigrante.

As bananeiras eram pássaros gigantes de asas
verdes tatalantes[57]
que pousavam pela grota em procissão e conservavam
a asa aberta e o bico roxo em coração a levantar no
vôo imenso qualquer coisa que ficara sobre o chão!

E então
uma dourada mamangava[58]
ferrotou-me o coração...

---

57 ruflar (asas), fazendo o ruído característico.

58 designação comum às abelhas solitárias, da família dos apídeos, corpulentas e de coloração geralmente negra e amarela.

CANÇÃO PLUVIAL

O vento canta como um pião de brejaúva
(quando se desenrola no ar a fieira branca e
lépida de chuva)

Surdas goteiras cá por dentro
quc batem
que batem-batem
num fundo canoro de lata
os seus contínuos, dolorosos zé-pereiras,
estão tocando agora a música simbólica
de uma enfadonha serenata.

Meus soldadinhos de papel, vestidos de amarelo
estão marchando muito longe... coitadinhos!
(minha saudade, a ouvir o canto das goteiras
batendo batendo batendo no fundo de lata
parece que ouve ainda muito longe muito longe
um tamborzinho de prata).

As madrugadas coloridas
as tardes polichinelos
embrulharam-se bem nas nevoentas capotas
e foram se esconder lá no fundo das grotas...

*
* *

O dia de cara suja
suja com a cinza dos poentes de brasa
parece uma enorme coruja
que está pousada há três dias
no teto da minha casa.

AMOR DE CABOCLO

O caboclo na sua choupana,
à hora em que a tarde desmaia vestida de chita
está pensando naquela estrangeira bonita
que viu apanhando café na fazenda.
(Os grãos de café debulhados
pareciam rubis e esmeraldas redondas
caindo em balaios dourados)

Um par de bois vagarosos rodeia rodeia
fazendo rodar os cilindros da moenda
uns agarrados aos outros
por dentes rombudos[59] de pau.

Passa gritando no céu sertanejo
o último pica-pau.

[59] o mesmo que gastos.

*
* *

"Ela não é brasileira...
Ela veio outro dia
trazendo goiabas maduras
na cesta dourada.

Ela parece de tão estrangeira
uma formiga ruiva.
Mas por ela (ele pensa)
eu era capaz de fazer uma casa
e de plantar uma goiabeira..."

E já sentia na boca
o caldo das melancias com cheiro de terra
e o gosto matutino das goiabas...

VELHO TRONCO

É um velho tronco enfeitado
de grandes bromélias violentas,
(imagem de um Brasil crucificado)
cheio de nós que são músculos torcidos de dor.
Com restos de galho já seco cravados no peito, a
feição de umas flechas, jogadas no corpo de um
"nosso senhor".

Ao lado, no pé da lagoa
estão os chuços de tábua
com a ponta vermelha
borrada de sangue.

As taturanas que são mimos de veludo
parecem escorrer pelo caule peludo.
Os rajados sarás[60] com picadas de fogo
suspensas no ferrão escondem-se num oco
de casca úmida; e por tudo,
tronco acima, tronco abaixo em cordões verticais
passam saúvas numerosas carregando
um punhado de folhas verdes e amarelas:
Como se andassem conduzindo sobre os ombros
uma porção de bandeirinhas nacionais...

[60] formigas que vivem nos cupinzeiros abandonados, nos entrenós da embaúba ou do bambu e também em habitações, onde atacam produtos alimentícios armazenados; formiga-doceira; sará, sarará, sararau, sarçará.

PROCLAMAÇÃO

"Vamos ler, à luz da lâmpada esta história...
Dizem que as cartas eram lidas no
outro tempo
à luz do piscalume, hoje chamado de pirilampo
de lume aceso como um fósforo de anil".

*
* *

E abro uma história do Brasil
toda figuras e borrões de cores, pintalgada
dc homens de espada, de homens pretos, de homens
brancos de tiradentes com cabeças de alvorada,
Com garibaldis de chapéu redondo em cavalgada...

E então, de dentro dela
salta um soldado azul de dragona amarela
e grita: viva a República!

O EXÍLIO

E um velho de barba comprida
como um nostálgico profeta
foi posto num vapor e mandado pra longe...
(Um poeta passadista
diria logo: era um monge)
E esse velho era um poeta.

E esse velho levou um punhado de terra
da terra amorosa e quente
e foi tocando a sua lira longamente
na dor horizontal de um mar feito de pranto
todo listado de safira...

(Rufava o tambor da república
na praça pública)

AS CIDADES

A procissão das montanhas parou:
as amazonas coroadas
de imensas vitórias-régias
puseram-se a ouvir.
Então o gigante de pedra, "com a fronte nas
nuvens e os pés sobre o mar" começou a falar:

Bendito o que abriu na esmeralda da terra
molhada de orvalho o listão matinal de um atalho
para anunciar os primeiros caminhos,
e foi buscar no recesso das minas
os meus diamantes de todas as cores,
e andou cavalgando os meus rios verdes
como montados em grifos de cauda escamada
e ouviu o cântico bárbaro das minhas cachoeiras
que movem cidades e moinhos;

bendito o que entrou pela terra e deitou a
primeira semente,
de onde surgiu o primeiro povoado

e surpreendeu em tropel o alvo bando das iaras
que se penteavam à margem dos rios de
minha fereza[61] nativa:
os rios com barbas de avenca
traziam-lhe aos pés o cristal de águas claras.

Agora eu tenho cidades
vestidas de azul;
eu que já tive malocas de todas as tribos,
eu que já tive mocambos no fundo das serras,
eu que possuía eldorados
onde reis mágicos besuntados de óleo
deitavam no solo
vestindo-se de ouro!
eu hoje tenho cidades
por todos os cantos do norte e do sul.

Cidades que têm pelas ruas
colares de lâmpadas e cachos de estrelas,
como se fossem aquelas surpresas que os
contadores de história improvisam
para espantar as crenças
nos contos de fadas;

[61] qualidade ou condição de fero; braveza, ferocidade.

Meus portos são como
pedaços do mundo ancorados à Terra
trazendo a bandeira de todos os povos
na ponta dos mastros.
As nuvens que ainda ontem
dançavam em torno de minha cabeça
são hoje uma ronda encantada de idéias por cima
das torres que o fundador de cidades ergueu
junto aos astros.

Eu tenho cidade de todas as cores.
Eu tenho povoados históricos.
Por pontes e túneis,

fundei dias claros da face da terra,
e trechos de noite no ventre da serra..."

*
* *

Assim falou o gigante,
"com a fronte nas nuvens e os pés sobre o mar".

RIO DE JANEIRO

Um dia bárbaro e genial
pintou borrões azuis de morros na paisagem
deste cartão postal.

As casas a subir por escadas a prumo
foram parar no cimo da montanha
O Pão de Açúcar, do seu trono de turquesa,
olha um lerdo vapor que transpõe o seu rumo
como um filho do mar com penachos de fumo,
que vai listando o anil profundo da voragem...
(Oh! La naturaleza!).

O Pão de Açúcar, que o acompanha,
abriu o guarda-sol azul de um céu original
para cobrir a cabeçorra da montanha.

(E diz o sr. Paul Hazard:
"o que me assombra é o brasileiro
pegar o morro do Castelo
e arremessá-lo ao mar."
E diz um poeta encantado:
"A noite desce, e o Rio de Janeiro
é um pedaço do céu desmoronado").

O Corcovado acocorou-se
para não dar uma violenta cabeçada nas estrelas.

Casas trepadas pelos morros
fulguram como brasas que são telhas
que são manchas vermelhas
sobre o rosto de um dia tropical.

Que coisa linda! como é lindo
o meu país natal!

SÃO PAULO

(Ao Wolgrand)

Um operário arranca estrelas a uma pedra
pulam fagulhas dançarinas pirilampos pararacas[62],
E há de saltar de dentro dela uma cidade
colorida com martelos e matracas,
(voaram pra longe pra bem longe as últimas baitacas[63])

Tarde cor de baú com rosas desmaiadas
a última tarde que saiu espaventada
com vaga-lumes de ouro cru
foi acender lampiões e inventar avenidas
lá para as bandas do Pacaembu.

As fábricas parecem marchas
por entre o exército colorido das casas
como enormes penachos de fumo a borrar a amplidão.
Os bondes começaram a passar sobre viadutos
e as casas de comércio com letreiros pisca-piscas
treparam nos andares
para cumprimentar as estrelas.

[62] que faz ou é dado a fazer barulho ou a falar muito; barulhento, tagarela.
[63] tupi *mbai'ta*, espécie de papagaio.

Trá-trá-trá de martelos de noite e de dia
até que um dia a cidade canora
começou a construir uma casa por hora.

Ao longe, num bairro mais novo,
a casaria branca dá saltos imóveis
com gritos de cor e de luz na paisagem de cromo.
Uma cavalaria de mármore
subiu a lomba do Ipiranga,
e o Tietê conta a história de um homem de botas
que foi caçar esmeraldas...

BAIRRO POBRE

A italianinha que vende frutas
passou com a carrocinha pintada de novo
levando toda uma alvorada brasileira
feita de abacaxis, de melancias gordas,
e bolas roxas de maracujás.

(Não há nada mais interessante do que a gente
observar por um vão de janela a alma simples do povo)

Quando ela passa no anil redondo da manhã,
com o seu vestido verde e seu lenço amarelo
preso à cabeça, às vezes penso (não faz mal)
que ela fez seu vestido e seu lenço
de uma bandeira nacional.

No quadro vermelho da tarde
O Brás lembra um grande cartaz de letreiro vivaz.

Depois vem a noite e vem com ela
um varredor de cascas de laranja.
Um lampião cor de gás numa esquina da rua
passa a maior parte da noite a piscar o olho verde
arremedando a lua como um bobo.

O último poeta passadista
sob o noivado da garoa
quando abre a boca e canta
parece que está segurando e espremendo o silêncio
pela garganta.

A XÍCARA DE CAFÉ

A xícara é branca e pequena como uma casca de ovo.
O garçom traz o bule e derrama o café forte e novo
como se derramasse por encanto
uma pequena noite líquida e cheirosa
na casca de ovo.

A minha xícara de café
é o resumo de todas as coisas que vi na fazenda e
me vêm à memória apagada,

Na minha memória anda um carro de bois a bater
as porteiras da estrada...
Na minha memória pousou um pinhé[64] a gritar crapinhé!

E passam uns homens
que levam às costas
jacás multicolores
com grãos de café.

E piscam lá dentro no fundo do meu coração
uns olhos negros de cabocla a olhar pra mim
com o seu vestido de alecrim e pés no chão.

---

[64] gavião-carrapateiro.

Uma casinha cor de luar na tarde roxo-rosa...

Um cuitelinho[65] verde a sussurrar enfiando o bico
na catléia[66] cor de sol que floriu no portão.

E o coronel no alpendre a calcular a safra do espigão.
E as pamonhas inconhas[67] de milho amarelo?
E os viras e canários a saltar sobre o farelo?

Mas acima de tudo
aqueles olhos de veludo de cabocla maliciosa a olhar
para mim
com seu vestido de alecrim...

*
* *

E eu vejo os braços enormes dos pardos guindastes
correrem nas carretilhas à beira do cais.
E segurarem as louras pilhas
de sacos de café com a direção escrita em
verdes iniciais com letras garrafais.

E cada um deles revirando o carretel da carretilha
mostrando os dentes estridentes como enorme bicharoco[68]

---

[65] beija-flor.
[66] designação comum às plantas do gênero *Cattleya*, da família das orquidáceas, nativas da América Central e do Sul, entre as quais se encontram algumas das mais apreciadas e cultivadas de todas as orquídeas; catléia.
[67] que está muito ligado a outro ser ou coisa.
[68] bicho grande que infunde medo ou bicho de aspecto asqueroso.

a cometer esta monstruosa maravilha:
arrebatar do chão trinta sacos num soco!

A chaminé dá um urro, dentro de um céu oco:
é a manhã que abre a boca vermelha
e dá um grito no mar.

O grito vai morrendo pouco a pouco até morrer,
bem de-va-gar.

Depois, são escuros cargueiros
que partem levando o Brasil
por sobre um mar de listas paralelas
no dorso de dragão escamado de anil...

*
* *

E a questão do Instituto do Café?
E o trotão galopado do meu pangaré?
E o saci-pererê? E o José Prequeté?
Tudo isto me povoa o espírito enquanto bebo a
pequenina noite líquida e cheirosa da minha
xícara de café.

O VIADUTO

Os sapos, que andavam batendo,
num ríspido e noturno bate-bate,
viram surgir certo dia um enorme esqueleto
riscado a compasso com lápis preto
no dia escarlate: era o viaduto
com os pés sobre o chão em violento tropel,
que se estendera em linha reta no ar
para que os bondes pintados de verde e amarelo
pudessem passar.

E os sapos fugiram, em bando
coaxando, coaxando, coaxando.
Onde estão eles agora?
estão martelando na forja canora
num rouco tan-tan que só acaba ao romper da manhã,
o lindo viaduto de um sonho
que vai da terra às estrelas...

A CANÇÃO INAUGURAL DOS TELHADOS NOVOS

O sol é uma grande risada atrevida
sobre o telhado das casas novas.

Dia de festa
Os bondes elétricos passam por sobre o viaduto
cíclopes que vão galopando
de olho vermelho sobre a testa.

A carretilha na ponta de um braço esticado que
o fio acompanha, desprende uma luz-maravilha.

As cássias floridas nos parques parecem chovidas
de chuva amarela com pingos redondos de
orvalho caídos na ponta dos galhos.

As telhas vermelhas dos bairros ao longe nos dão
a ilusão de um vermelho escarcéu[69].

[69] grande vaga ou onda formada por mar revolto; vagalhão.

Ó minha cidade de casas violentas com seus vinte
andares de oitenta janelas;

Ó minha cidade que estendes o verde das árvores
por entre o amarelo teatral dos telhados novos
para abrigar a bandeira de todos os povos!

Ó fogo de telhas vermelhas!

Ó meu Brasil-fogaréu!

NOTURNO PAULISTANO

Um auto clarina[70] matando o silêncio noturno
O silêncio cai morto, num canto de rua,
com um grito vermelho na boca.

Um operário da Light solda um trilho
e arranca fagulhas violentas
que o deixariam cego
se não fosse o vidro verde
que ele põe diante dos olhos
para lidar com uma estrela-relâmpago
que espirra faíscas.

A torre da estação da Luz com o seu olho amarelo
olha a cidade panorâmica.

---

[70] emitir som forte e estridente como o do clarim.

A NOVA LAVOURA

Caiu do céu na redondeza
um dia todo branco

E cada cafeeiro pelas fraldas do barranco,
com as suas varas carregadas de grãos verdes
é um bandeirante que saltou na terra limpa
com o seu carregamento de esmeraldas...

Há uma alvorada no luzir de cada enxada...

Um imigrante, que envolve a terra roxa
ouve um surdo rumor de pássaro selvagem;
pára um momento, sobraçando a sua enxada,
(Com o tropel da cidade que vem vindo
voaram dentro do mato os últimos papagaios
em companhia dos tucanos)
e nisto vê passar, transpondo a serra braba,
um bando colorido de aeroplanos...

NOITE DE S. JOÃO

Tenho saudade de uma noite de S. João
com mastros de bandeira com fogueiras escarlates
com trá-trá-trá de traques com resmungos de
batuques com soluços de atabaques,
com rodinhas de fogo a rodopiar aceleradas,
e chuveiros de prata quais minúsculos vulcões
decorativos a espantar crianças encantadas.

Mas a minha saudade
não é decerto de um rojão
que foi chorar no céu o seu pranto de cores
e que a sangrar de luz na treva espessa
cai de ponta-cabeça na calçada
como uma vara nua
que deu flores de lua.

Nem é do pistolão
do alto de uma janela
a arremessar na escuridão
os grandes pingos isolados
de uma chuva amarela.

Mas o milagre de S. João:
eu menino a brincar com o meu próprio destino;
eu menino a queimar a estrelinha chinesa
com os olhos tontos de surpresa e ilusão
de ter o próprio céu pendurado na mão!

Ah! minha noite de S. João
que me ficou no coração completamente escuro,
onde, a todo momento, uma grande Tristeza
solta um rojão de lágrimas...

SOLDADOS VERDES

O cafezal é a soldadesca verde
que salta morros de distância iluminada
um-dois um-dois, de batalhão em batalhão,
na sua arremetida acelerada
contra o sertão!

Manhã de terra roxa
manhã de estampa ou cromo onde a fumaça
de um trem que passa risca o céu de fogaréu.

Parece que há, nos clarins da alvorada,
alguma coisa de marcial; longas palmeiras
lembram lanças fincadas na paisagem
como se andasse galopando em plena serrania
uma legião alvorotada de bandeiras.

Um grande exército colorido de imigrantes,
de enxadas a brilhar ao sol revolve o chão
dando a ilusão de que a lavoura é sangue vivo
e a terra nova revolvida é um coração...

*
* *

Um dia de verão, em numerosa pincelada
inaugurou agora mesmo a nova estrada.
Acompanhando a estrada em doida disparada
os postes de carvão como espantalhos
levam seus fios telegráficos sobre os ombros.
As casas brancas dos colonos são cartazes muito brancos
encarreirados no silêncio dos barrancos.

Bate o sol no tambor de anil do céu redondo.

O dia general que amanheceu com o punho azul
cheio de estrelas,
com dragonas de sol nos girassóis
comanda os cafeeiros paralelos
como um exército aguerrido de soldados
de farda verde e botões rubros e amarelos.
Soa nos morros o clarim vermelho da manhã.
Soldados verdes! rataplã.

obra executada nas oficinas do

IBEP GRÁFICA

INSTITUTO BRASILEIRO DE EDIÇÕES PEDAGÓGICAS

Av. Alexandre Mackenzie, 619 - Jaguaré - SP - CEP 05322-000

Tel.: (11) 6099 7799 (PABX) - Caixa Postal 66.201 - São Paulo - Brasil

www.ibep-nacional.com.br

editoras@ibep-nacional.com.br